Berneval-le-Grand

ET

SAINT-MARTIN-EN-CAMPAGNE

NOTICE HISTORIQUE

SUR

BERNEVAL-LE-GRAND

ET

SAINT-MARTIN-EN-CAMPAGNE

PAR M. L'ABBÉ LECOMTE

Vicaire de S.-François, du Havre

ROUEN

IMPRIMÉ PAR ALFRED PÉRON

SUCCESSEUR DE N. PERIAUX

RUE DE LA VICOMTÉ, 55

1844

A MONSIEUR

Henri DE CLERCY.

J'ai voulu, mon cher Henri, vous laisser un souvenir de mes études et de mes explorations dans ce pays que nous avons tant de fois parcouru ensemble. Ce travail, incomplet sans doute, mais plein de détails intéressants, vous rappellera l'antiquaire modeste qui fut quatre ans votre précepteur. Les circonstances qui nous ont séparés il y a déjà plus d'un an, n'ont fait qu'accroître mon attachement pour vous, et je suis heureux de vous le dire en vous offrant cette brochure.

L'abbé Le Comte.

AVANT-PROPOS.

J'ai toujours aimé l'étude de l'histoire, et j'ai consacré bien des veilles à apprendre celle de mon pays. Elle est si pleine d'intérêt, si féconde en évènements, l'histoire de notre France! Et puis, notre province, à nous, a eu des jours si glorieux; elle compte tant de vaillants et renommés capitaines, tant de prélats éminents par leur science et leurs vertus, que l'étude de ses anciens jours est toute pleine d'attraits. J'ai cherché bien souvent, dans les annales des siècles passés, ce qu'était le pays que nous habitons avant l'ère chrétienne, au temps de l'occupation celtique, de la domination romaine et de l'invasion des peuples de Germanie; il nous reste peu de documents sur les temps primitifs: les siècles dévorent et engloutissent tout. L'histoire de la prédication de la vraie foi et de l'établissement du christianisme dans le pays de Neustrie, est aussi fort obscure. Nous ne savons guère que les noms des apôtres civilisateurs de nos contrées: Mellon, Audoenus, Romain, Philbert, Wandrille,

Sidonius et Valery, noms à jamais bénis dans la mémoire des peuples, glorieux saints vénérés par l'église de Dieu, dont ils étendirent autrefois les limites. Quand les pirates du Nord abordèrent sur nos rives, quand le fier Rollon fut devenu possesseur de la Neustrie, et par droit de conquête et à titre de cession, la province prit le nom de ses nouveaux maîtres, et c'est à cette époque (912) que commence l'histoire proprement dite du duché de Normandie. Alors parurent quelques écrivains; des trouvères et des troubadours consacrèrent, dans leurs vers et leurs romances, les faits mémorables de leurs contemporains. Les cénobites et les hommes d'église recueillirent les titres et les documents échappés à l'incendie et à la dévastation; les savants disciples de saint Benoît cultivèrent, à l'ombre des cloîtres, les sciences et les arts. Aussi, à dater des xe et xie siècles, l'histoire des grandes villes de la province cesse d'être obscure; mais on ne sait presque rien de nos villages, qui existaient déjà depuis long temps, formaient des paroisses, et avaient des églises, des chapelles et des châteaux. L'histoire des paroisses réunies eût puissamment contribué à constituer celle de la nationalité, et il eût été fort intéressant de connaître l'origine de chaque village, de suivre ses développements, d'étudier ses usages et les événements qui s'y sont passés. Malheureusement, on négligeait, au moyen-âge, de conserver avec soin les titres et les archives des églises, et nous voyons nos archevêques, entre autres Pierre de Colmieu, en 1240, ordonner à ses curés, sous des peines sévères, d'inscrire sur un registre les baptêmes et les inhumations. Les guerres des Anglais en Normandie, qu'ils livrèrent au pillage, la négligence des curés et des administrateurs, et depuis, la revolution de 93, ont fait disparaître la plus grande partie des documents relatifs aux paroisses et à leurs églises; on n'en retrouve plus que quelques-uns, échappés comme par miracle au fléau dévastateur, et chaque curé ne peut offrir à l'antiquaire que des registres en lambeaux et des titres rongés des vers. Voilà pourquoi il faut un temps considérable et un travail opiniâtre pour écrire l'histoire de nos villages.

Je suis parvenu à recueillir, dans les archives des églises, des documents curieux et pleins d'intérêt. Je ne parlerai ici que de Berneval et de Saint-Martin-en-Campagne: j'ai l'intention de publier, plus tard, l'histoire des paroisses des environs de Dieppe, de toutes ces églises du pays de Talou, bâties au XIIIe siècle, et dédiées par l'archevêque Odon Rigaut. C'est là que les générations vinrent prier l'une après l'autre; c'est là que nos pères trouvaient la prospérité et le bonheur. Églises de mon pays, œuvres de la foi et de l'espérance, vous rendez témoignage, après plus de six siècles, du zèle et de la religion de nos ancêtres; vous êtes les histoires vivantes de nos villages; les événements les plus importants de la vie humaine se passent dans vos sanctuaires, et les morts dorment en paix sous votre protection! Que de fois je me suis agenouillé sur vos dalles de pierre, quand j'allais étudier vos années et interroger les traditions! que de fois j'ai participé à la joie et à la solennité de vos fêtes, quand j'annonçais la parole de Dieu dans vos chaires, quand je donnais les prémices de mon ministère à ceux qui m'avaient vu naître et grandir au milieu d'eux! Églises de Braquemont, de Berneval, de Saint-Martin, de Derchigny et de Graincourt, votre souvenir me sera toujours bien cher; il n'apporte avec lui que de riantes images et des idées de bonheur; les joies pures que l'enfance trouve au pied des autels, les travaux du lévite qui s'essaie au saint ministère, les études si intéressantes de la liturgie et de l'archéologie religieuse.

LES MOINES DE SAINT-DENIS

A BERNEVAL.

Au sixième siècle, c'était déjà une riche et célèbre abbaye que Saint-Denis de Paris. S.-Grégoire de Tours parle de sa splendeur au livre de ses histoires, et les merveilles sans nombre opérées au tombeau du grand apôtre des Gaules y attiraient un concours immense de pélerins venus de toutes les parties du pays des Francs. Aussi, les princes Mérovingiens l'avaient enrichie de grands biens, et, vers l'année 636, Dagobert Ier, qui régnait en Neustrie, lui octroya en une seule fois vingt-sept villes ou villages, au nombre desquels étaient Berneval et ses dépendances. Berneval était alors le lieu le plus important de la côte ; c'était le port du pays de

Talou, qui s'étendait de la Scie à la Bresle, et il y avait de superbes pêcheries. L'exploration consciencieuse du pays ne nous permet pas de douter que tout le littoral du Talou ait été habité par les Gallo-Belges au temps de l'occupation romaine, et la voie publique que M. l'abbé Cochet a suivie d'Appeville-le-Petit au faubourg de la Barre, conduisait à Augum et dans le Ponthieu par la cité de Limes, Berneval et Criel. Aujourd'hui, cette voie existe encore ; c'est le chemin vicinal qui traverse tous les villages situés sur le bord de la mer, de Dieppe à Tréport, et, suivant l'opinion très vraisemblable de M. Féret, les nombreux calvaires échelonnés sur cette voie à des distances à peu près égales, auraient remplacé, dans les premiers temps du Christianisme, les Dieux termes des Romains.

La population toute maritime de cette côte devait être plongée dans l'ignorance, et adonnée, plus que toute autre, à toutes les erreurs et à toutes les superstitions du paganisme ; et, au VIIe siècle encore, quand des moines envoyés de

Saint-Denis de France, arrivèrent pour la première fois à Berneval, ils durent y trouver un mélange grossier de christianisme et d'idolatrie.

Il est vrai que des hommes apostoliques avaient déjà passé plusieurs fois dans ces contrées; saint Victrice, de Rouen, et saint Valery, avaient prêché l'évangile au sein de ces bourgardes; mais il n'y avait que les siècles et les moines qui pussent arracher ces peuplades à leurs coutumes barbares et à leurs ténèbres. L'importance de Berneval dut s'accroître du moment qu'il devint fief de Saint-Denis, et nul doute que ce village et les pays d'alentour ne doivent leur civilisation aux moines. Une charte de 750 confirme la possession de Berneval au célèbre monastère, et Pepin, en montant sur le trône, approuve, en y appendant son sceau royal, la donation de Dagobert.

A cette époque, un prieuré s'éleva au milieu des métairies et des cabanes de pêcheurs; quelques religieux envoyés de la métropole y vivaient sous les ordres d'un supérieur dans les exercices de la règle de saint Benoît. Les uns abattaient les forêts et défrichaient la terre, tandis que les autres prêchaient et convertissaient leurs vassaux et leurs chefs. Comme cette époque serait curieuse à étudier, et qu'il est à regretter qu'il nous reste si peu de documents sur l'établissement du Chistianisme dans le pays de Neustrie ! Sans doute il fallut aux hommes venus de Saint-Denis bien du zèle et de la persévérance pour implanter la foi dans leur domaine de Berneval, et leur succès fut souvent ennobli de toute la difficulté des obstacles. Le moyen, je vous le demande, d'enseigner les mystères et les dogmes sublimes de la religion de Jésus à des hommes grossiers et à demi barbares, d'apprendre l'humilité et la douceur à des cœurs féroces qui se réjouissaient de piller les navires que leurs signaux trompeurs attiraient au rivage. Sans doute, cette coutume odieuse n'aura pas cessé tout-à-coup, et les moines protecteurs et sauveurs des malheureux naufragés auront souvent arrêté des bras levés pour le massacre au fort de la tempête, avant que l'esprit de rapacité et de brigandage ait fait place à la commisération. Il était tout naturel qu'une chapelle élevée au milieu de cabanes de pêcheurs fût placée sous le glorieux vocable de la vierge Marie. Les moines jetèrent les fondements de l'édifice, et Berneval eut une église avant que Dieu fût connu dans les contrées voisines.

Un peu plus tard, grand nombre de pélerins allaient par le royaume de France, publiant les hautes merveilles opérées au tombeau du saint évêque de Myre et son puissant patronage, et, à l'entrée même du port de Berneval, dans une gorge pittoresque et sauvage, une autre chapelle fut bâtie en l'honneur de saint Nicolas. Maintenant, les religieux de Saint-Denis étendront leur sollicitude sur les pays d'alentour, une nouvelle église s'élevera à quelque distance de leur moutier, sous l'invocation de saint Martin de Tours : Vargemont, Penly et Biville auront des oratoires dédiés à saint Denis, et tout le pays de Talou ressentira la bienfaisante influence de la charité évangélique. Ce dut être un bien touchant spectacle que celui qu'offrit, à cette époque, ce pays devenu tout chrétien. Les coutumes inhumaines avaient cessé, les mœurs étaient adoucies, la charité faisait des merveilles, et si quelques usages superstitieux se remarquaient encore, il fallait plutôt les attribuer à la force des anciennes institutions qu'à la volonté des hommes.

Mais la religion de Jésus, florissante par tout le pays des Francs, devait être entravée dans ses progrès. Nous touchons à l'époque désastreuse où les pirates du Nord abordèrent nos rivages, semant partout la terreur et la mort. Leurs nacelles d'osier couvraient l'Océan et remontaient les rivières ; les églises et les monastères étaient le but ordinaire de leurs dévastations ; un jour aussi, le son perçant de leur cor d'ivoire retentit devant Berneval : moines, métayers, pêcheurs, tout s'enfuit aussitôt en implorant le secours de Dieu, et le lendemain, il n'y avait plus de prieuré ni de chapelle, et les Normands, remontés sur leurs barques chargées de butin, s'éloignaient à la lueur de l'incendie qui détruisait le village.

Ce fut un beau jour pour la cité de Rouen, et pour tout le pays de Neustrie, que le Samedi saint de l'année 912. La province était conquise, mais la religion subjuguait à son tour les barbares qui avaient semblé devoir l'anéantir; le fameux Rollon inclinait sa tête sur les fonts du baptême; l'archevêque Franco bénissait le nouveau chrétien, et Robert, comte de Paris, lui donnait son nom. Ce jour-là même, toutes les réclamations furent écoutées, toutes les injustices furent réparées; le prince normand, assis sur un trône au milieu de la Cathédrale, recevait les suppliques et les plaintes des hommes d'église et des leudes ruinés.

Il restitua à l'abbé de S.-Denis la terre de Berneval. L'acte de restitution fut conservé dans le chartrier du monastère, et dom Mabillon en fait mention au troisième Livre de ses Annales. Rollon avait fait un acte de justice en rétablissant les religieux de Saint-Denis dans leur ancien domaine, et bientôt, à l'exemple des anciens rois de France, il les prit sous sa protection puissante, et leur donna des terres. Berneval sortit de ses ruines; le prieuré et les églises furent rebâtis ; Guillaume Longue-Épée y répandit ses largesses en l'honneur des saints martyrs et pour le salut de son ame ; et c'était un lieu si florissant en 960, qu'il tenta la cupidité d'un évêque. Il s'appelait Aillemundus. Les chartes ne parlent pas du siége qu'il occupait; elles disent seulement qu'il déposséda les moines de Saint-Denis de leur terre de Berneval, par dol et par astuce.

Voilà donc Berneval ravi une deuxième fois à ses légitimes possesseurs, et devenu la demeure d'un évêque qui s'y installe pour y vivre à la manière des suzerains. C'est le temps de la splendeur de ce village, le plus riche assurément, et le plus important de toute la contrée, puisqu'à l'embouchure de la Béthune, où depuis Dieppe fut bâti, il n'y avait encore qu'une bourgade connue sous le nom de Bertheville.

Vers la fin de l'année 967, le duc Richard Ier présidait à Gisors une assemblée des notables du royaume de France et de la province de Normandie ; Gozlin, abbé de Saint-Denis, s'y présenta, accompagné de quelques moines, pour revendiquer la possession de Berneval ; il représenta au prince l'injustice commise envers la célèbre abbaye ; il lui rappela les faveurs insignes dont elle avait été comblée par Rollon et Guillaume, et il l'adjura, sur le salut de son ame, de chasser l'usurpateur. Ces justes plaintes furent favorablement écoutées, et, de l'assentiment de Hugues, prince des Français, à la sollicitation de Raoul et d'Osmond, Richard fixa le jour aux religieux pour venir à Rouen, en son conseil, faire valoir leurs réclamations.

Ils se présentèrent quelque temps après, par un jour de dimanche, au palais du duc, et en présence de la duchesse Emma et des principaux seigneurs normands, ils justifièrent que la seigneurie, la pêcherie et le port de Berneval, leur avaient été frauduleusement ravis. Aussitôt droit fut fait à leur requête, et le duc de Normandie : « Pour l'amour de Dieu et des bienheureux mar-« tyrs Denis, Rustique et Éleuther, à la mémoire « de Robert son aïeul et de Guillaume son père, « pour le salut de son ame, de sa femme et « l'état de son royaume, trouva bon de rendre, « par la miséricorde de Dieu, aux moines le « domaine que le susdit prélat avait injustement « ôté à Saint-Denis, et, en conséquence, il leur « fit un écrit pour être gardé et observé pour « jouir à perpétuité de ladite seigneurie de Ber-« neval et ses appartenances, le port ; les droits « des amendes, de bureaux, de pescheries, les « terres cultivées et non cultivées, les pâtu-« rages, les bois, les droits des entrées et des « sorties, et généralement tout ce dont le « comte, vicomte, lieutenant ou capitaine, ou « le receveur de la seigneurie judiciaire, a joui « jusqu'alors au port ou aux métairies pour « cause du district, ou pour les choses prises « sur les ennemis ou trouvées. »

Telles sont les dispositions de l'acte de restitution que D. Mabillon rapporte en grande partie au 3me volume de ses Annales, et voici comme cette Charte est terminée.

« Nous voulons que tous sachent et en-
« tendent à perpétuité que nous transférons
« toutes ces choses de notre droit et pouvoir en
« la puissance de S.-Denis et de ses compa-
« gnons ; nous défendons et voulons par notre
« Dieu et son fils notre avocat, qu'aucun de nos
« héritiers ou successeurs, comte ou évêque,
« lieutenant ou centenier, ni aucun Français
« voisin de cette seigneurie, ose violer ni en-
« freindre notre donation Mais que doresna-
« vant elle soit exempte de tout ennemi et de
« district par notre donation : car, si quelqu'un
« se rencontre qui, s'appuyant sur notre auto-
« rité (séduit par le diable) la veuille violer (ce
« qu'à Dieu ne plaise) qu'il encoure l'ire de Dieu
« tout puissant, et qu'il trouve avec le Sauveur
« juge les saints martyrs courroucés, et con-
« damné à la damnation éternelle qu'il souffre
« sa peine avec le diable et ses anges. Et au

« contraire celui qui gardera cet écrit et en sera « toujours fidèle témoin, qu'il possède par les « mérites de ces saints martyrs et par leur in- « tercession la récompense des bienheureux, et « jouisse de la Jérusalem céleste. Et afin que « ces lettres soient plus sûrement confirmées « en tout temps, nous les avons signées de « notre main. Fait à Berneval par le comman- « dement de monseigneur Richard comte il- « lustre, le quinzième des calendes d'avril, l'an « quatorzième du règne de Lothaire, de l'on- « zième indiction. » Puis viennent les signatures, dans l'ordre qui suit : « Hugues archevêque de « Rouen, Hugues duc des Français, Richard « duc des Normands, Osmond, Raoul, Aganon, « Turisting, Yvon, Gautier comte, Toraldus, « Alberic, Osberne, Theobald comte, et Wa- « léran. »

Cette Charte, dont la date correspond au 18 mars 968, se trouvait en lettres rouges et bleues, sur la page 559 du 2me tome du Cartulaire de l'abbaye de Saint-Denis. Elle est curieuse par son antiquité et par ses détails. Aussitôt qu'elle fut donnée, l'évêque Aillemundus quitta Berneval, et les moines de Saint-Denis y revinrent à la grande satisfaction des peuples.

Berneval jouissait encore, avant la révolution, des droits qui lui sont octroyés dans cette Charte; et on voit, dans un aveu de 1583, dont je dois la connaissance à l'obligeance du sieur Joly de Vassonville, que cette baronnie et ses dépendances, comme la terre de Saint-Martin-en-Campagne, dépendante anciennement de l'église de Saint-Denis de France, était, comme telle, exempte par tout le royaume de France, pays de Normandie et Picardie, des droits de quayage, péage, passage, pontage, travers, passe-portes, barrage, halage, fouage, maltôte, aulnage, pesage et autres acquis et subsides. Au commencement du siècle dernier, le sieur Jean Drouet, laboureur, demeurant à Saint-Martin, dans une maison appartenant à M. le président de Crosville, ayant invoqué cette exemption dans une occasion, obtint du procureur du roi de Dieppe un arrêt favorable et une confirmation de cet ancien privilége.

Tout porte à croire que ce fut dans les premières années du XIe siècle que les moines de Saint-Denis bâtirent le manoir de Berneval. Il leur servit de prieuré, et il avait le titre de prévôté au commencement du siècle suivant. Au moyen-âge, la piété des peuples versait de grandes richesses dans les trésors des abbayes et des églises, et le domaine de Berneval acquit de jour en jour de nouvelles dépendances.

Avant la célèbre bataille de Hastings où Guillaume-le-Bâtard conquit le royaume d'Angleterre, il confirma par une charte la terre de Berneval aux moines de S -Denis, leur fit de nouvelles donations et leur accorda de nouveaux priviléges. Ses braves compagnons d'armes imitèrent sa généreuse piété, et apposèrent leurs noms à côté de celui de leur duc. On y remarque, entre autres, celui du célèbre Dapifer. Cette charte est extrêmement curieuse; elle est entre les mains de M. Marcel, notaire au Havre, qui a bien voulu me la communiquer, avec quelques autres qui concernent le village qui nous occupe. Il est beau de voir le vaillant fils de Robert mettre sa périlleuse entreprise sous la protection du grand apôtre des Gaules, et étendre, à l'exemple de ses prédécesseurs, le domaine de Saint-Denis. Sans doute, les moines reconnaissants auront souvent imploré sur ses armes le puissant secours de Dieu, et ils auront béni le ciel à la rentrée triomphante du Conquérant, devenu roi d'Angleterre.

En l'année 1216, il fut fait un compromis entre les abbés et les religieux de Saint-Denis et leurs hommes, vassaux de Berneval, touchant les droits, les coutumes, et les redevances que ces religieux percevaient dans la paroisse. On y voit que tous les relevants et tenanciers de cette seigneurie ecclésiastique étaient obligés de moudre leurs blés au moulin de la Pierre-d'Ancourt.

Par une charte, donnée à Paris la veille de Noël 1273, le roi Philippe-le-Hardi déchargea les bois du Talou des droits de tiers et danger ; les moines, en lui présentant leur requête, s'étaient appuyés sur un ancien diplôme de Charles-le-Chauve, qui avait autrefois exempté de ces mêmes droits les bois situés auprès de leur demeure de Berneval.

Le 3 juin 1284, les religieux de Saint-Denis, par contrat passé à Paris, échangèrent leur terre de Berneval avec Messire Guillaume de Caletot, écuyer, contre la terre de Mont-Mélient, près Paris.

L'acte d'échange comprend tout ce que les moines possédaient au pays de Caux, à Berneval-le-Grand et Berneval-le-Petit ; leur manoir de Berneval, Vassonville, Vargemont, Saint-Martin-en-Campagne, et toutes leurs appartenances, comme les terres, les droits de haute et basse justice, les rentes, redevances, fruits, dîmes, et les autres revenus provenant des bois, des garennes et du moulin de la Pierre-d'Ancourt. De plus, une maison à Dieppe, la terre et la grange de Fracles, l'usage des forêts et des pêcheries, et généralement tout ce qui avait jusqu'alors appartenu à Saint-Denis, excepté sept livres tournois de rente annuelle que les églises de Saint-Martin-en-Campagne et de Berneval-le-Grand devront continuer de payer au grand trésorier de la royale abbaye.

Suivant les propres termes du contrat, l'échange n'eut lieu que dans les intérêts et pour la plus grande utilité des religieux, et Guillaume de Caletot s'obligea à fournir un soldat pour le service du Roi, comme ils le faisaient eux-mêmes de temps immémorial. Guillaume de Caletot renonça aux privilèges d'exemptions et d'immunités accordés à la terre de Berneval par les souverains pontifes; le prieuré perdit son titre; les cures cessèrent d'être régulières, et les moines de Saint-Denis quittèrent nos contrées, pour n'y plus revenir, au mois de juillet 1284.

Le peuple d'alors dut les regretter et pleurer leur départ, car il appréciait justement tous les titres qu'ils avaient à la reconnaissance du pays; il savait qu'ils y avaient apporté, les premiers, la civilisation avec l'évangile, et que l'importance et la prospérité toujours croissantes de Berneval étaient leur ouvrage. Une preuve que tout tombe dans l'oubli à la suite des temps, c'est qu'aujourd'hui personne ne se doute que ce village fut jadis une terre ecclésiastique et une succursale de la plus célèbre abbaye du monde chrétien. Aussi, j'ai cru que ces simples renseignements auraient de l'intérêt pour la localité, et je me suis empressé de les offrir, comme preuve de mes anciennes sympathies, aux habitants de Berneval.

LES BARONS DE CALETOT

ET LE MANOIR DES QUARANTE-ACRES.

Ce fut donc l'an de l'incarnation 1284 que Guillaume de Caletot, écuyer, seigneur et châtelain de Mont-Mélient, arriva à Berneval et prit possession du manoir féodal élevé par les religieux de Saint-Denis. Guillaume avait longtemps servi dans les armées. C'était un noble et vaillant guerrier, un chrétien plein de zèle et de dévouement.

Marié, depuis quelques années, à Marie de Vernon, il en avait eu un fils, nommé Robert, et c'était l'objet de leur mutuelle affection, tout le charme de leur existence.

Marie de Vernon était sœur d'Alix de Meulent, qui lui avait laissé à sa mort la châtellenie de Mont-Mélient avec les seigneuries de Plailly, d'Auvers et de Gouvis ; presque toute la fortune de Caletot lui avait été apportée par sa femme, et c'était en échange de ses terres qu'il venait d'acquérir la baronnie de Berneval. C'était alors une superbe seigneurie, et le manoir des Quarante-Acres, situé entre Berneval et S.-Martin-en-Campagne, était un des plus beaux et des mieux fortifiés de la province de Normandie. Il était flanqué de quatre tourelles, et défendu par une triple enceinte de murailles. Au centre d'un bois de quarante acres, environné de fossés larges et profonds, il semblait plutôt bâti pour un guerrier que pour des gens d'église. Peut-être avait-il aussi été destiné, par sa position admirable, à servir au besoin de citadelle, pour défendre le pays contre les invasions étrangères. De la plate-forme on apercevait la vaste mer et tous les villages du littoral. Il y avait de profonds souterrains, et des vieillards se souviennent encore aujourd'hui d'en avoir remarqué l'entrée dans leur enfance.

Au mois d'octobre 1839, j'ai essayé de pratiquer quelques fouilles sur l'emplacement de cet ancien château, détruit depuis quatre siècles ; j'ai jugé, à l'épaisseur et à la solidité des murs d'enceinte, à l'ensemble des constructions et aux mouvements de terrain qui les avoisinent, que ce manoir avait dû ressembler à ceux de Hautot-sur-Dieppe, de Longueil, de Guilmécourt et de Braquemont. J'y ai retrouvé des pavés fleuris de toutes couleurs et ornés de dessins variés, fort en usage aux XIVe et XVe siècles, une grande quantité de charbon, quelques ossements humains, des fragments de vases et de poterie du moyen-âge, et un grand coutelas de fer oxidé. Le ciment employé dans sa construction est tout-à-fait semblable à celui du château d'Arques ; il est composé de sable de mer et de gravier ; on y retrouve aussi des moëllons, des grès et de la pierre tufeuse.

Des fouilles pratiquées sur ces ruines pourraient offrir de l'intérêt et avoir d'heureux résultats; mais les travaux seraient considérables, et ne pourraient être entrepris que par une société qui aurait des fonds en caisse.

Aujourd'hui, l'ancien château de Berneval a tout-à-fait disparu; ruiné dans les guerres du xve siècle, il ne fut jamais rebâti, et les villageois du voisinage vinrent y chercher des matériaux de construction pendant bien des années. Les grands arbres qui l'entouraient furent abattus, les viviers desséchés, et le terrain qu'il occupait, resté inculte jusqu'en 1760, se couvre maintenant, chaque année, de moissons abondantes.

L'année même où Guillaume de Calctot arriva à Berneval, il fit restaurer l'église de S.-Nicolas du Petit-Berneval, qui avait alors le titre de cure, comme celle de Notre-Dame-de-Berneval. Suivant Dom T. Duplessis, il fonda aussi, du consentement de noble dame Marie de Vernon, sa femme, les deux chapelles de Notre-Dame-des-Avoines ou de Champart, dans l'église S.-Martin-en-Campagne, et celle de la Magdelaine-de-Saint-Custar, entre

Berneval et Graincourt. Malgré toutes mes recherches, il m'a toujours été impossible de découvrir les ruines de cette chapelle, qui était encore en titre au XVe siècle, et dont il est fait mention sur les registres de l'archevêché de Rouen. Guillaume de Caletot avait le droit de présentation à ces chapelles, comme aux cures de Berneval et de Saint-Martin. Il mourut vers l'année 1304; Marie de Vernon ne lui survécut que quelques jours, et Robert, leur fils, devint seigneur et baron de Berneval. Ce Robert, que M. de la Roque appelle aussi Renaut de Caletot, fut victime d'un affreux guet-apens dans son propre château; la tradition nous a conservé sa lamentable histoire, et souvent dans mon enfance je l'entendis raconter par les vieillards.

A cette époque, les Anglais ravagaient le royaume de France; on n'entendait parler que de désordres et de brigandages; les bandits et les voleurs de grands chemins attaquaient les villages à main armée, enlevaient les richesses et brûlaient les maisons. Les châteaux eux-mêmes n'étaient pas à l'abri de leurs attaques, et, par une soirée d'hiver, une bande organisée vint s'embusquer dans le grand bois qui environnait le manoir de Berneval.

Le sire de Caletot, après une vie passée dans les fatigues de la guerre, était revenu depuis quelque temps à Berneval, et, livré à de cuisants chagrins causés par les malheurs de sa famille, il n'avait retenu près de lui qu'un petit nombre de serviteurs, et une domestique qui avait toute sa confiance. C'était une femme méchante et fourbe, qui cachait une ame toute noircie sous un extérieur hypocrite; elle était entrée chez Robert sous un nom emprunté, et son père, ancien repris de justice, commandait alors une troupe de brigands. C'était lui qui venait d'arriver au pied des fossés du château; sa fille était prévenue d'avance, et elle allait, à un signal donné, abaisser le pont-levis, pour donner passage aux malfaiteurs. C'était une fameuse curée pour ces pillards qu'un manoir où il y avait tant de richesses. Aussi toutes leurs mesures étaient bien prises, et aussitôt qu'un sifflement aigu se fut fait entendre à la poterne, les bandits s'élancèrent d'un bond sur la herse baissée pour les recevoir, et pénétrèrent dans l'intérieur du château, dont toutes les portes s'ouvraient devant eux.

Le noble baron, arraché violemment de son lit, fut accablé d'outrages par cette troupe de forcenés ; il lui fallut livrer la clef de ses trésors ; il vit bien que toute résistance était inutile, et qu'il était victime d'une horrible trahison. Ses fidèles serviteurs, qui se préparaient à le défendre, furent attachés et liés aux colonnes de la salle d'armes, et quand les brigands eurent dévasté le château, après s'être saisis des joyaux de famille et de tout ce qui flattait leur insatiable cupidité, ils massacrèrent inhumainement le baron sans défense, en haine de l'aristocratie féodale. Ils quittèrent aussitôt le manoir isolé, en emportant leur butin, et, à la faveur des ténèbres de la nuit, ils purent gagner les forêts d'Eu, d'où ils se dirigèrent vers la Flandre.

Le lendemain, un chevalier, armé de pied en cap, monté sur un cheval noir, s'arrêta devant la porte principale du manoir de Berneval. Une profonde tristesse se lisait sur son visage ; ses yeux étaient continuellement baissés, et il paraissait être dans la plus grande consternation. C'était messire Charles de Danville, de la noble maison de Montmorency; il avait échappé au massacre de l'Ecluse, et, couvert de blessures, épuisé de fatigues, il venait apprendre au baron, son grand-père, les malheurs de la France et les revers de l'infortuné Philippe VI. Il eut beau donner le signal de l'arrivée, et sonner le cor d'alarme, personne ne parut sur la plate-forme et dans les cours ; il aperçut le pont-levis baissé, contre l'usage, et entra pour avoir l'explication de ce qui lui semblait mystérieux dans ce silence. Jugez de sa surprise et de toute sa douleur quand il vit le sire de Caletot étendu sans vie sur les pavés fleuris de son manoir, et tout baigné dans son sang ; des gémissements et des sanglots entrecoupés l'appelèrent bientôt dans la pièce voisine, et il y trouva les pauvres serviteurs qui se mouraient dans les étreintes des lourdes chaînes qui les liaient aux colonnes. Charles réunit tous ses efforts pour les dégager au plus vite, et aussitôt qu'ils furent revenus à eux-mêmes, ils racontèrent les affreuses circonstances de l'assassinat de leur noble maître, qu'ils n'avaient pu sauver.

La nouvelle de cet événement jeta la terreur et la consternation dans toute la contrée. Les pauvres villageois ne pouvaient plus compter sur aucune protection quand les brigands osaient assiéger les châteaux et massacrer indignement les seigneurs ; et puis chacun s'attendrissait sur le sort déplorable du vieux châtelain, qui avait si souvent bravé la mort sur les champs de bataille, et qui venait de périr d'une manière si cruelle et si tragique. Charles de Danville fit poursuivre les brigands en toute hâte, et rendit les derniers devoirs à son malheureux aïeul. On déploya les bannières des églises d'alentour; les croix en vermeil, entourées de crêpes noirs, précédèrent le convoi, et la dépouille mortelle du dernier baron de Caletot fut déposée dans la chapelle de Notre-Dame des Avoines, de l'église de Saint-Martin-la-Campagne. Quelques jours après, Jeanne de Caletot priait sur le tombeau de son père, et son fils, le sire de Danville, venait prendre possession de la baronnie de Berneval. On ne put jamais retrouver les brigands, mais la méchante femme qui leur avait livré le château fut prise à Arras, et pendue sur la place publique de cette ville.

Le tombeau du baron de Caletot fut visité, en 1827, par M. Féret, en présence des plus anciens habitants de S.-Martin, qui lui racontèrent aussi la curieuse tradition qui se rattache au nom de ce seigneur. Il n'y avait pas de cercueil sous la pierre tumulaire, mais seulement une fosse en briques, au fond de laquelle se trouvaient quelques ossements et une petite urne en terre cuite renfermant du charbon. Aujourd'hui, la belle pierre tumulaire qui recouvrait ces restes est dans la sacristie de l'église Saint-Martin-en-Campagne ; c'est un fort joli morceau. On ne peut reconnaître le millésime, les chiffres étant entièrement effacés ; mais l'ogive qui surmonte l'effigie du guerrier normand, indique assez le XIVe siècle. Renaut de Caletot est couché sur la pierre, revêtu du costume que portaient les hommes de guerre au commencement du XIVe siècle. Il tient sa main droite étendue sur sa lourde cuirasse, et, de sa gauche, il semble vouloir lever son épée. Deux anges protègent sa sépulture, et deux rosiers fleuris, admirablement ciselés, attestent l'habileté de l'artiste. Sans doute ce tombeau fut placé dans la chapelle seigneuriale par la piété filiale de Jeanne de Caletot, et les obits qu'elle y fonda pour l'ame de son père et de sa sœur, portèrent, de siècle en siècle, la mémoire des malheurs de sa famille. Elle fit réédifier et embellir la chapelle aux Avoines, et, par une charte donnée à Chantilly, au mois d'avril 1344, Philippe de Valois confirma la donation de 30 livres tournois de rente annuelle et perpétuelle qu'elle affectait à l'entretien de l'église et du chapelain [1].

Nicolas Roger, archevêque de Rouen, confirma aussi cette donation, et la lettre latine, donnée à cette occasion par l'official diocésain, est entre les mains de M. Marcel, du Havre.

Jeanne de Caletot donna tous ses biens à son fils aîné, Charles de Montmorency, maréchal de France, et elle mourut vers l'an 1346. Elle avait encore eu de son mariage avec Jean de

[1] L'acte de fondation est assez curieux pour trouver ici sa place; en voici la teneur :

« A tous ceux qui ces lettres verront le vicomte d'Arches, salut : Côme noble et haute dame et puissante madame Johanne de Mont-Morency et de Berneval en l'onneur de Dieu et de sa glorieuse Mère et de tous Saints et de toutes Sainttes, et pô fere chanter messez pour lame de sez père et mère, de luy, de sez ante-successeurz et successeur eust intrute, fondée et édifiée une capelle à Notre-Dame saintte Marie, en l'église de Saint-Martin en la Campaigne, de laquelle elle est patrone. Sachent touz que pardevant Colin Beauvarlet et Gautier de Vienne tabell [*ions*] fut presente la dicte Dame qui de sa bonne volonté recognut avoir la dicte capelle donée et douée de trente livres de rente lez queix le capellain ordené à la dicte capelle deservir aura et prendra c'est assavoir : sus lez camparts de

Danville Jean de Montmorency, évêque d'Orléans en 1350.

Charles de Montmorency, seigneur de Berneval, mourut en 1381, et sa fille Marguerite, dame d'Offranville et du Bosc de Berneval, porta cette baronnie dans la maison d'Estouteville par son mariage avec Robert, seigneur d'Estouteville et de Valmont; depuis, elle passa dans la maison de Longueville, puis enfin dans celle des princes de Monaco, ducs de Valentinois, qui l'ont possédée jusqu'à la révolution française.

Vargemont XVI livres par an; item centz soulz suz les avenez et rayonz de Essarz de Vassonville; item VI livres sur deux mazures assises à Sainct-Martin, l'une des II costés et d'un bout au quemin, et l'autre jouxte Pierre le Machecrier et d'un bout à la rue. Et sont payés à Pasch. Item XVII soulz sur quatre pièches de terre que Guillemme Lefebvre tient en la dite paroisse; item XVIII soulz suz le mazure qui fut à Hue Leureux à Berneval le Petit à Pasch et à la Saint-Michiel; item XX soulz sus la maison Symon Letallieur à Berneval le Petit; lez quiex trente livres de rente la dite dame promest garantir et deffendre vers touz et contre touz et faire valoir au capellain de la dite capelle ou a chil qui sera ordené à ycelle déservir.... Ce fut faict l'an de grace M. CCC. quarante et chinq, le dimanche après l'Épiphanie.

LA MALADRERIE DE SAINT-CATHALD

ET JEHANNE DE CALETOT.

Il y avait au moyen-âge une Léproserie située entre les villages de Derchigny, Berneval et Saint-Martin-la-Campagne. Les barons de Caletot, qui l'avaient peut-être fondée eux-mêmes dans l'étendue de leur baronnie, l'avaient dotée de legs pieux pour l'entretien et le secours des pauvres ladres et *mézeaux* qui étaient très-nombreux dans ce temps. La lèpre était une maladie bien cruelle : peu connue jadis dans nos contrées, elle avait été rapportée de Terre sainte par les croisés, revenus de l'expédition lointaine entreprise pour délivrer le tombeau du Sauveur de la profanation des enfans du prophète. Cette maladie étendit bientôt ses ravages en Normandie, où venaient de rentrer une foule de barons, de comtes et de seigneurs qui avaient suivi leur duc Robert à Jérusalem. Aussi, vers ce temps, notre province vit-elle s'élever des solitudes et des retraites au milieu de ses campagnes, sur les lisières des bois, sur le bord des fleuves et des rivières, et sur le rivage de la mer. C'étaient de pauvres et chétives demeures, des huttes et des cellules séparées l'une de l'autre, et groupées autour d'une chapelle.

C'était là que les pauvres lépreux étaient condamnés, par les lois ecclésiastiques et civiles, à vivre loin du commerce des autres hommes, n'ayant pour tout bien que la besace du pauvre, la gourde du ladre et le bâton du pélerin. L'église avait des rits pour les séparer de la société ; elle récitait sur eux de lamentables prières, et les gens du peuple les fuyaient comme frappés de la malédiction d'en haut. On avait toujours soin de passer loin de leurs retraites, car on était certain que l'air qu'ils respiraient était pestilentiel, tandis que les recherches faites depuis et les progrès de la science sont venus nous affirmer que la lèpre ne pouvait se communiquer autrement que par le contact.

Les lépreux faisaient bien maigre chère, et les bons religieux servants, qui consacraient leurs jours à les secourir et à soulager leur misère, allaient par les champs et les campagnes leur quérir du pain et des légumes. En Normandie, on retrouve beaucoup de sentiers qui portent encore le nom de *sentes lépreuses*. C'étaient les seules que les lépreux pussent fréquenter, pour aller respirer le grand air au rivage de la mer, ou puiser dans leur gourde l'eau rafraîchissante des rivières. Les ladreries étaient le séjour des souffrances, des privations et de toutes les angoisses. Là il y avait des mères arrachées violemment aux embrassements et aux pleurs de leurs tendres enfants; il y avait des pères malheureux enlevés par cette sorte de mort anticipée aux soins et au bonheur de la famille. Telle gisait là étendue sur une paille humide et horriblement défigurée, qui naguère encore paraissait avec éclat au milieu des cercles les plus brillants et faisait parade d'une vaine beauté. Tous les rangs, toutes les distinctions s'y trouvaient confondus; le serf gémissait à côté du seigneur, et le manant usait de la même paille que les fils du suzerain. Oh! oui, c'était un horrible fléau que la lèpre au moyen-âge, et l'on ne sait point assez aujourd'hui ce que nos ancêtres eurent à souffrir de cette cruelle maladie. Mon Dieu! comme le temps efface les évènements et les institutions d'autrefois! Qui se doute aujourd'hui qu'il y eut jadis une léproserie entre Derchigny et Saint-Martin? qui a médité quelquefois, en passant auprès du petit monticule recouvert de tuiles et de débris, sur les afflictions et les douleurs de l'ancien S.-Cathald?

Et pourtant, la chapelle de la Maladrerie était encore debout en 1728, et au commencement de la révolution on saluait encore en passant la croix de Saint-Cathald.

S. Cathald, né en Irlande, et dans la suite

évêque de Tarente en Italie, avait guéri miraculeusement des lépreux en plusieurs rencontres; voilà pourquoi la maladrerie de Saint-Martin avait été placée sous son invocation. Au commencement du siècle dernier, on célébrait encore sa fête avec grande dévotion le lundi d'après les octaves de Pâques. Il est impossible d'assigner l'année précise de la fondation de la léproserie qui nous occupe. En y pratiquant des fouilles en 1842, j'y ai trouvé des monnaies du temps de saint Louis et de Philippe III (XIIIe siècle). Une vieille tradition prétend que la fille d'un Caletot y fut inhumée, et voici comme on raconte cette histoire :

C'était au commencement du 14e siècle, vers l'année 1315 ; la Normandie jouissait d'une paix profonde, et les puissants seigneurs ne guerroyaient que bien rarement entre eux. On voyait alors ces hommes d'armes, accoutumés à la vie fatigante de la guerre et à la discipline des camps, reprendre leur place au sein de la famille, et goûter au foyer domestique un bonheur inconnu jusqu'alors. Robert de Caletot, baron de Berneval, était de ce nombre. Il avait déposé sa lourde cuirasse et l'épée des combats, et partageait toutes ses affections entre une femme chérie et une fille adorée. Or, cette fille avait nom Jéhanne; monseigneur Guillaume de Flavacourt, archevêque de Rouen, l'avait tenue sur les fonts du baptême, et son caractère heureux, les nobles sentiments qui la distinguaient déjà, lui conciliaient à bon droit toute la tendresse des siens. Elle avait quatorze ans. Pleine de gentillesse et de bonté, elle aimait à s'asseoir à la porte du manoir, pour donner de ses mains l'aumône aux malheureux; elle brodait de riches ornements pour les églises, à l'exemple de sa mère; et, le soir, pendant les longues veillées d'hiver, tandis que le vent soufflait bien fort dans les créneaux des tours, et que la mer mugissait au rivage, elle écoutait les saintes légendes des siècles passés, que le chapelain lisait à la sombre lueur d'une lampe d'argent, ou bien les récits chevaleresques et les prouesses étonnantes que lui racontait son père, assis auprès du large foyer où des arbres entiers brûlaient et échauffaient l'âtre. Les villageois d'alentour l'aimaient bien; c'était leur providence; et messire Geoffroy de Laître, curé de Saint-Martin, était tout joyeux de la voir, le dimanche, pieuse et recueillie, donnant le bon exemple aux autres jeunes filles du village; car, après avoir entendu la messe le matin dans la chapelle du château de son père, elle ne manquait jamais de venir ensuite à la messe paroissiale dans la chapelle de N.-D. des Avoines, fondée par Guillaume de Caletot dans l'église de Saint-Martin.

Dans les beaux jours d'été, elle allait souvent se distraire avec quelques compagnes sur le bord de la mer, et Berthe sa fidèle gouvernante ne la quittait jamais. On lui avait raconté souvent les angoisses et les afflictions des pauvres lépreux de Saint-Cathald, et souventdes larmes de compassion tombaient de ses yeux, quand de la plateforme méridionale du manoir, elle apercevait les cellules blanches de la maladrerie, ou qu'elle entendait le son argentin de la cloche de lapetite chapelle, tintant l'heure du couvre-feu. Pauvre jeune fille! elle ne savait guère qu'elle devait partager les douleurs et les maux qu'elle déplorait si amèrement dans les autres! Elle si jeune et si brillante de santé, elle si riche et destinée à tant de bonheur, comment eût-elle pu pressentir que tous ces biens, tous ces prestiges, s'évanouiraient un jour! C'est pourtant ce qui advint, et la pauvre fille fut moissonnée au printemps de sa vie, comme le lys des champs desséché à l'ardeur du soleil.

Il y avait à Saint-Cathald un lépreux de Berneval nommé Richard Le Coq; il avait autrefois suivi le sire de Caletot son seigneur à la bataille de Mons-en-Puelle, où le noble baron avait conduit ses hommes d'armes à la suite du roi Philippe IV. A son retour, il avait demandé son affranchissement et sa liberté, comme prix de son courage et de ses services militaires. Robert de Calctot avait refusé. Depuis, Richard était devenu lépreux, et, tout malheureux qu'il était, il avait conservé le ressentiment le plus profond et la haine la plus implacable contre le sire de Berneval ; il nourrissait le désir de la vengeance sur la paille de sa cellule et jusqu'au pied des autels.

Un jour, le méchant homme battit les mains d'aise et de joie, parce qu'il venait de concevoir une horrible pensée. La sente lépreuse de Saint-Cathald à la mer traversait la campagne située entre le manoir et Saint-Martin ; les ladres pouvaient voir, en passant, la herse levée du château féodal et sa triple enceinte de bastions au centre du grand bois qui l'entourait de tous côtés. C'était par une belle soirée d'été. Jehanne, assise à l'ombre d'un grand hêtre, chantait une romance du temps en caressant de sa main blanche un joli petit épagneul ; Berthe, marchant à quelque distance, effilait dévotement les gros grains d'un rosaire. Le soleil se couchait à l'horizon, beau et majestueux à travers les grands arbres ; les vagues expiraient mollement sur la grève, et les belles et nombreuses sonneries d'alentour saluaient le glorieux nom de la vierge Marie.

Jehanne avait cessé de chanter, et elle se livrait aux doux charmes de la rêverie; elle sondait peut-être les secrets de son avenir. Pauvre jeune fille ! C'était si naturel à son âge, à quatorze ans, où l'on est pour ainsi dire aux portes de la vie, où le cœur, libre encore de soins et de contraintes, est si rempli de bonheur et de jouissances ! Tout-à-coup, un cri déchirant retentit au milieu du grand bois; Berthe effrayée se retourna, son chapelet de nacre était tombé de ses mains, et ses jambes refusaient de la soutenir davantage; elle aussi jeta des cris, la pauvre fille, car elle avait devant les yeux un bien affreux spectacle. Un homme hideux et tout couvert de lèpre entraînait sa Jehanne; ses mains impures et livides souillaient celles de la pauvre petite, et Richard Le Coq, le lépreux, communiquait sa maladie honteuse à l'unique héritière du baron de Caletot, car cet homme consommé dans le crime était venu pour assouvir sa vengeance : il avait fui la société des ladres et escaladé les murs d'enceinte du manoir, et il n'avait pas reculé de honte à la vue de la pauvre innocente.

Il s'était précipité comme un tigre furieux sur la pauvre fille sans défense ; car il s'était dit, le méchant : je presserai ses mains dans les miennes, et elle aura mon mal ; sa beauté s'évanouira comme l'ombre ; la lèpre la couavrir de toutes parts, et elle aussi dormira sur la paille de Saint-Cathald ; elle sera arrachée de ce redouté manoir par les lois humaines et ecclésiastiques, et je me serai vengé du père sur la fille.

La fureur du crime rend les hommes frénétiques : Richard courait à toutes jambes dans les grandes allées du bois, emportant Jehanne évanouie dans ses bras. Les cris de la suivante avaient jeté l'alarme. La sentinelle, et quelques hommes d'armes qui veillaient à la poterne, s'étaient avancés vers le lieu où se passait cette scène de désolation. Bientôt le grand bois fut parcouru en tout sens ; on retrouva Jehanne couchée presque sans mouvement sur l'herbe d'un taillis. Richard s'était enfui au son du cor qui sonnait l'alarme dans le beffroi, et la crainte de tomber entre les mains des hommes d'armes, imprimait une grande vitesse à ses pas. Le lendemain, un clerc qui passait sur le rivage vit un corps qui flottait sur les eaux ; il s'approcha du cadavre, et recula en poussant un cri d'effroi : c'était Richard Le Coq qui s'était précipité dans la mer, et qui avait couronné par un nouveau crime cette scène de forfaiture et d'abomination.

A huit jours de là, le manoir de Berneval offrait l'image de la désolation. Dans une chambre vaste et élégamment meublée, une jeune fille, étendue sur un lit de damas, paraissait en proie à de cuisantes douleurs ; une horrible plaie couvrait son visage ; un sang noir et corrompu se donnait passage à travers les pores de ses mains, et de grosses larmes s'échappaient de ses yeux.

Cette jeune fille était Jehanne de Celetot. Le chapelain, habile dans l'art de la chirurgie et de la médecine, avait déclaré au baron que sa fille bien aimée était atteinte de la lèpre; ce père inconsolable se livrait à un désespoir difficile à décrire. Sa femme était alors en Basse-Normandie, chez le sire de Harcourt son beau-frère, et il lui fallait seul supporter tout le poids de son affliction. Mais il était réservé à de bien plus dures épreuves, et le méchant Richard avait frappé le cœur du père de la manière la plus cruelle. Tandis que chacun se lamentait et pleurait sur le sort de Jehanne, trois hommes vêtus de robes noires s'arrêtèrent devant la poterne du château, en demandant entrée de par messire le roi de France et monseigneur Guillaume de Durefort, archevêque de Rouen. C'étaient messire Geoffroy de Laître, curé de Saint-Martin, messire Charles de Hangest et messire Rodolphe Le Lieur, religieux de Saint-François. La sentinelle abaissa le pont-levis, et les hommes d'église, tristes et silencieux, gravirent les degrés qui conduisaient dans la salle d'armes. Ils demandèrent à parler au noble baron, et Robert, précédé d'un page, parut aussitôt. Il était pâle et défiguré ; ses yeux gonflés de larmes attestaient son profond chagrin, et, quand il vint à s'incliner devant messire Geoffroy de Laître, le courage du prêtre lui faillit pour remplir la fatale mission.— Monseigneur, dit Rodolphe Le Lieur, le ciel a mis votre vertu à une cruelle épreuve ; tous vos vassaux gémissent avec vous, et partagent le poids de votre douleur. Et nous, fidèles à notre mission et aux sévères réglements dictés par la prudence...—Mon Dieu ! s'écria Robert, vous allez m'enlever ma fille ! Et le baron, atterré par les dernières paroles du prieur, tomba évanoui sur les larges dalles, et fut emporté par ses nombreux serviteurs.

A cette époque, les réglements qui concernaient les ladres étaient strictement et rigoureusement observés ; les lois n'admettaient aucune exception, et les prêtres chargés de constater l'état de la lèpre, et de séparer les pauvres lépreux de la, société ne rencontraient jamais d'entraves dans l'exercice de cette redoutable fonction. Aussi, le prêtre et les deux religieux se firent-ils conduire aussitôt auprès de Jehanne. Le chapelain du manoir les y attendait, et préparait la pauvre fille à la cruelle séparation : « Que la paix et la miséricorde du Seigneur soient avec elle, » dit messire Geoffroy de Laître en entrant.— Amen, répondirent les deux Franciscains en s'inclinant devant un grand crucifix d'ébène appendu au-dessus du foyer. Puis commença une scène de désolation impossible à décrire. Le vénérable curé pleurait en récitant des prières sur la pauvre lépreuse, lui qui l'aimait si tendrement, et qui la voyait réduite à un si déplorable état. Pour elle, résignée à la volonté du ciel, elle surmontait son affliction et sa douleur, pour mêler ses prières à celles de l'église, et, quand les prêtres eurent quitté le lieu où se passait cette scène de deuil, quand ils furent sortis de la chambre de Jehanne, elle se leva, se revêtit elle-même, pour la première fois sans doute, de ses habits les plus simples, et alla s'asseoir auprès d'une large croisée du côté de la mer. Elle voulait jouir une dernière fois du spectacle magnifique qui se déroulait à sa vue, car les forces l'abandonnaient, et elle sentait qu'elle allait bientôt mourir.

Un mois plus tard, un prêtre sortait de la chapelle de Saint-Cathald, portant entre ses mains la boîte d'argent qui renfermait le corps de Jésus-Christ. La porte d'une cellule s'ouvrit pour lui donner passage, et il offrit les saintes consolations du ciel à celle qui ne devait plus en attendre de la terre. Jehanne de Caletot succombait aux angoisses qui lui déchiraient le cœur, plutôt qu'aux douleurs physiques, et la pauvre enfant touchait au terme de ses souffrances. Elle regarda le prêtre comme un ange que le ciel lui envoyait, et, lorsqu'il eut déposé la sainte hostie sur sa langue, au moyen d'une verge d'argent, quand il eut oint ses membres délicats de l'huile de l'extrême-onction, elle fut heureuse d'un bonheur qu'elle n'avait pas cru devoir encore goûter dans ce monde, et rendit bientôt après son ame à son créateur dans les meilleurs sentiments de piété, elle si innocente et si pure, et qui était mûre pour le ciel.

Quelques heures après, une fosse s'ouvrait pour recevoir un corps tout putréfié ; la clochette de la Maladrerie tintait quelques glas funèbres, et toutes les sonneries d'alentour y répondaient par des volées de mort. Et il y avait un ange de plus dans les cieux, et Jehanne marchait avec les vierges à la suite de l'agneau. Pauvre enfant ! je me suis attristé souvent sur les malheurs de sa vie, et j'ai voulu redire son histoire oubliée. Cinq siècles après sa mort, j'ai retrouvé ses restes dans les fouilles de S.-Cathald, et je les ai fait respectueusement déposer dans le cimetière de Saint-Martin, le 20 mai 1842.

Robert de Berneval eut une autre fille ; il lui donna encore le nom de Jehanne. Celle-là fut plus heureuse ; elle porta la baronnie de Berneval dans la maison de Montmorency, par son mariage avec Jean de Danville, sire de Montmorency. Eh bien ! son bonheur et sa grandeur éphémères ont passé comme les douleurs de la pauvre lépreuse, et le manoir féodal des Caletot, qui semblait devoir résister aux siècles qui détruisent tout, est tombé avant la maladrerie de Saint-Cathald ; et aujourd'hui rien ne redit au peuple le passage des moines de Saint-Denis et des barons de Caletot, dans ces contrées ; rien n'indique l'existence de l'antique établissement des lépreux de Saint-Martin. La charrue a passé sur les débris du manoir de Berneval ; les bois qui l'environnaient ont fait place à de riches campagnes, et un chemin traverse les ruines même de Saint-Cathald, dont personne n'osait approcher au moyen-âge.

Il y avait encore des lépreux à Saint-Cathald en 1488. On voit, par les registres de l'archevêché, qu'en cette année, Mgr Robert de Croixmare nomma un desservant à la chapelle. Vers 1660, les cellules avaient disparu, et la chapelle tombait en ruine par la négligence du titulaire.

Jacques-Nicolas de Colbert, archevêque de Carthage et coadjuteur de Rouen, ordonna de la réédifier dans une visite qu'il fit à Saint-Martin en 1680, et, le 3 janvier 1683, elle fut solennellement rebénite par maître Claude Lejeune, curé de Saint-Martin, qui s'y était rendu processionnellement, accompagné de tout son clergé et de ses paroissiens. Cette chapelle était à la présentation des seigneurs de Berneval, et il en est fait mention pour la dernière fois sur les registres de l'archevêché en 1728, époque où elle était encore en titre. En 1760, les murailles étaient encore debout, et on y érigea depuis un calvaire qu'on voyait au commencement de la révolution. On raconte dans le pays qu'on ne l'abattit pas sans difficultés, et que ce fut au regret de tous les gens de bien que s'accomplit cet acte impie et sacrilége.

Je dois ici un témoignage à M. Germain Thierry, de Vassonville, qui m'a permis avec beaucoup d'obligeance de fouiller son champ de Saint-Cathald. Si ces fouilles n'ont point eu de résultat précieux pour la science, comme celles de l'abbé Cochet à Étretat, elles ont eu du moins de l'intérêt pour la localité. La présence de plusieurs sépultures à Saint-Cathald démontre d'une manière positive ce que la tradition a conservé à peine, et ce qu'on ne retrouve guère que sur quelques vieux parchemins, l'existence de la ladrerie du moyen-âge. Les murs de la chapelle, que j'ai mis à découvert, construits en silex à l'intérieur, et en moëllons à l'extérieur, avaient 1 mètre 33 cent. d'épaisseur. L'édifice avait lui-même 9 mètres 33 cent. de longueur, sur 7 mètres 33 cent. de largeur. Outre les deux deniers du XIIIe siècle, dont j'ai déjà parlé, j'ai encore trouvé des monnaies baronnales battues aux XIIIe et XIVe siècles. La fleur de lys tranche sur les blasons; les légendes sont presque entièrement effacées.

Le squelette trouvé à l'extrémité septentrionale de la chapelle, à côté de la sépulture que j'ai jugée devoir être celle de Jehanne de Caletot, était à l'état parfait de conservation; la mâchoire avait encore toutes ses dents.

Il y avait, aux pieds des cadavres, quelques fragments de poterie, ce qui se retrouve fort ordinairement dans les tombeaux du moyen-âge. En général, les sépultures des léproseries étaient fort pauvres ; on n'y retrouve même pas de vestiges de cercueils.

On raconte qu'au temps où la chapelle tombait en ruine, un voiturier qui passait auprès emporta la statue de saint Cathald : à quelques pas de là, sa voiture s'arrêta d'elle-même, et il lui fut impossible de faire avancer ses chevaux. Force lui fut donc de replacer la statue où il l'avait prise, et ce ne fut qu'après qu'il put continuer son chemin.

Une autre fois, un loup poursuivait un agneau, le timide animal se réfugia dans l'intérieur de la chapelle ; le loup y pénétra aussi pour l'étrangler, mais l'agneau put se précipiter dehors assez vite pour lui échapper, et son tiers, qu'il traînait, ferma la porte avec tant de violence, que le loup resta prisonnier. Des hommes qui travaillaient à quelque distance, arrivèrent et le tuèrent.

Je ne garantis pas l'authenticité de ces faits. On raconte aussi l'histoire du loup et de l'agneau à Bouteilles, près Arques.

Vers l'année 1650, un enfant de huit ans jouait avec ses compagnons auprès de Saint-Cathald. La voie publique longeait alors les murs de la chapelle; il était soir, et un voyageur conduisant un charriot rempli de marchandises venait de s'arrêter pour caresser l'enfant qui le suivait en courant. Le petit Duflot était de Derchigny; ses parents étaient d'honnêtes cultivateurs. C'était l'idole de sa mère, qui le tenait pour le plus bel enfant du village. En effet, il était plein de gentillesse. Aussi plut-il au voyageur, qui le fit asseoir dans son charriot, et l'emmena avec lui.

Trois jours après, l'enfant était à Mons-en-Puelle, dans la maison du commerçant, tandis que sa famille désolée se livrait à d'inutiles recherches, et que sa pauvre mère versait des torrents de larmes. Or, Dieu, qui est infiniment juste, et qui veille sur les jours de l'innocent, frappa bientôt le ravisseur d'une cruelle maladie. Aux portes de l'éternité, il comprit toute l'énormité de son crime ; il résolut donc de renvoyer l'enfant dans sa famille, et un de ses amis fut chargé de le déposer en passant auprès de Saint-Cathald. Le pauvre petit fut bien joyeux en revoyant la chapelle, et il courut à toutes jambes à Derchigny pour embrasser sa mère. C'était un dimanche d'été ; on était aux vêpres, et l'enfant entra dans l'église au grand étonnement et à la grande satisfaction de toute la paroisse réunie. Marie Duflot, au comble du bonheur, ne pouvait encore croire ses yeux, et elle tomba évanouie en embrassant son fils. Tout le village partagea la joie de cette famille. On fit raconter à l'enfant son enlèvement, et ce qu'il put dire de son voyage, apprit qu'il était resté à Mons, dans la maison du marchand, et, en souvenir de son aventure, le nom de Mons lui resta.

Le petit Duflot grandit, et devint un bon cultivateur ; il épousa Annette Ricœur, tante de ma grand'mère. Marianne Mons, morte il y a quelques années à Berneval dans un âge fort avancé, était sa petite-fille.

La statue de saint Cathald est encore dans l'église de Saint-Martin. M. l'abbé Levillain, curé de cette paroisse, l'a replacée au haut de la nef principale, avec celle de Saint-Nicolas du Petit-Berneval. Ce seront les seuls monuments qui attesteront désormais la vérité traditionnelle de la splendeur de cette église, qui comptait jadis plusieurs chapelles au nombre de ses succursales; et si jamais le ciel était sévère pour ce village, si les fléaux et les maladies revenaient désoler nos contrées, on trouverait encore, dans ces saints, de bienfaisants protecteurs et de puissants patrons. Puis, un jour, si les petits enfants demandent ce que veut dire la statue de Saint-Cathald, les pères leur donneront ce petit livre, et ils y liront les souffrances des pauvres lépreux d'autrefois, et la touchante histoire de Jehanne de Caletot.

L'ÉGLISE

DE SAINT-MARTIN-EN-CAMPAGNE.

Nous voyons dans le Pouillé de l'archevêque Odon Rigaut que, vers l'année **1260**, l'église de Saint-Martin valait **20** livres, qu'elle avait cent quarante paroissiens, et que l'abbé de Saint-Denis-en-France, qui en avait le patronage, y avait présenté Garin, prêtre reçu et approuvé par l'archevêque Pierre de Colmieu, qui mourut en **1247**. La population de Saint-Martin devait être alors plus considérable qu'aujourd'hui, puisque Odon Rigaut a pour habitude de ne comprendre, dans son dénombrement, que les chefs de famille, et que nous devons ordinairement compter cinq pour un. Au temps du cardinal Pierre de

Colmieu et du roi saint Louis, il y avait donc dans ce village une église desservie par un curé. Ce curé, comme ceux du grand et du petit Berneval, était sans doute un religieux de Saint-Denis. Ces cures étaient régulières ; le bénéfice de vingt livres, dont jouissait le desservant, était considérable pour cette époque, et surpassait de beaucoup, toute proportion gardée, le traitement que perçoivent aujourd'hui MM. les curés de campagne.

Une population de sept ou huit cents ames, et une cure régulière, pourvue d'un bon bénéfice, au XIIIe siècle, attestent l'antiquité du village de Saint-Martin. L'église dont parle Odon Rigaut est celle qui existe encore de nos jours. A cette époque, elle venait d'être rebâtie par les moines de Saint-Denis, sur les ruines de l'église primitive. Peut-être même était-ce cet archevêque qui l'avait dédiée dans ses courses pastorales, comme la chapelle de Saint-Nicolas-de-Rendus, desservie par des moines de Séry ; ce qui établit, d'une manière certaine, que les moines de Saint-Denis n'ont fait que reconstruire l'église de Saint-Martin au XIIIe siècle.

Un morceau d'architecture de transition (XIIe siècle) se remarque au côté septentrional de la nef, près la chapelle autrefois dite des Avoines. Au reste, l'édifice actuel, s'il date du XIIe siècle, époque de la reconstruction générale des églises dans nos contrées, a subi depuis bien des modifications. « Elle est peu « intéressante pour l'antiquaire, dit M. l'abbé « Cochet, dans les notes qu'il prit sur Saint-« Martin, au mois de septembre 1841. Elle a « deux nefs : la principale a conservé des carac-« tères de la transition du XIIe siècle ; mais la « nef latérale est une addition du XVIe siècle, « chose très commune dans ce pays. Le portail « principal est en grès, comme à Varengeville et « à Bertreville, et peut dater, comme ces der-« niers, de 1548, ce qui donne à croire que les « modifications de la grande nef sont de la « même époque. Le clocher qui est sur le por-« tail, est une tour carrée en silex, sans élégance

« et surmontée d'une belle flèche en ardoise. Le « bénitier du grand portail est en grès du XVIe « siècle, et il présente, en relief, trois fleurs de « lys, des écussons et des chiffres. Les fonts bap- « tismaux en pierre datent de 1670 ; ils sont « armoriés à l'écusson de la maison d'Estoute- « ville. »

L'exécution de ces fonts est assez élégante ; à l'intérieur de la piscine, on trouve la date de 1669. Il y a beaucoup de pierres tombales dans le chœur, mais presque toutes sont usées, et les épitaphes sont entièrement effacées. Au moyen-âge, et jusqu'au XVIIIe siècle, on enterrait les prêtres et les clercs dans les chœurs des églises, et la plupart des familles avaient aussi leurs tombeaux dans la nef. A Saint-Martin, l'église est toute pleine de sépultures, et on y inhumait plus souvent les morts que dans le cimetière. Les principaux sépulcres étaient ceux des familles Le Jeune, Joly, Canel, Bourdel et Dandasne. On repavait les tombes aussitôt après l'inhumation, et la famille assistait, le dimanche, aux saints offices, sur le lieu même de la sépulture des ancêtres. Dans les obits, on venait y chanter le *libera* de fondation et y répandre l'eau bénite.

On ne pavait guère que les tombeaux, et le reste de l'église était couvert de paille fraîche, qu'il fallait changer souvent. On voit, dans les archives de l'église de Saint-Martin, qu'un archidiacre d'Eu, dans le cours de sa visite canonique, ordonna, sous peine d'une amende considérable imposée au trésor, de retirer toutes les bottes de paille qui se trouvaient dans les nefs, et de n'en plus porter à l'avenir.

Ce fut au XVIe siècle, et vers 1548, que l'on érigea un autel dédié à S.-Sébastien, au haut de la nef latérale, que l'on venait d'ajouter à l'église, du côté du midi. Auparavant, il n'y avait qu'une chapelle dans l'église, celle de N.-D.-des-Avoines ou des Champs. Quelques renseignements, puisés dans les plus anciens titres de ce village, me porteraient à croire qu'il y eut, dans un temps très reculé, entre Saint-Martin et Penly, vers le hameau de Vassonville, une chapelle de la sainte Vierge, appelée N.-D.-des-Avoines ou des Champs; que de là vient encore la dénomination de *Voie du Val-de-la-Chapelle*, qu'un chemin situé dans cette direction a long-temps conservé, et que cette chapelle, ruinée peut-être par le temps, aura été transférée dans l'église du village, où elle aura conservé son nom primitif, qu'elle tenait sans doute de sa situation au milieu des champs. Aujourd'hui, N.-D.-des-Avoines, l'ancienne chapelle seigneuriale, sert de sacristie; l'autel de Saint-Sébastien a été transformé en chapelle de la Vierge, et, à l'extrémité de la nef principale, on voit à droite l'autel dédié à ce saint martyr, et à gauche, un autel dédié à saint Joseph.

Les tableaux qui ornent les retables de ces chapelles sont nouveaux et du plus mauvais goût, comme la plupart de ceux qu'on a placés, depuis cinquante ans, dans nos églises. Le lambris du chœur recouvre une piscine du XIIIe siècle, au côté de l'épître; il y en a une de la même époque dans la sacristie, et une du XVIe siècle, près l'autel de la sainte Vierge.

Les piscines de nos églises datent presque toutes du XIIIe siècle. Ce fut l'archevêque Pierre de Colmieu qui ordonna, dans ses statuts de 1245, d'en faire au côté de l'épître. C'était là que le prêtre allait se laver les mains avant d'offrir le sacrifice, et se les purifier quand il descendait de l'autel. Je n'en connais pas de plus jolie ni de plus élégante que celle de l'église de Penly.

Nous aurions de plus complets détails sur l'église de Saint-Martin et sur ses modifications, si un incendie n'avait détruit les anciennes archives de cette église, vers le milieu du XVe siècle. Elles étaient gardées dans le presbytère, qui fut la proie des flammes, et la tradition, qui a conservé le souvenir de ce désastre, n'a pas retenu les faits et les événements qui l'ont précédé. Le trésor de l'église de Saint-Martin avait des revenus considérables aux XVIe et XVIIe siècles. Il y avait beaucoup de fondations, et, en 1704, maître Vincent Sorin, curé de Saint-Martin, acquitta cent quarante obits solennels et vingt-trois messes basses. Les principaux fondateurs étaient Jehanne de Caletot, 1344 ; Olivier Frechon de Vassonville, 1496 ; Maître Jehan Le Jeune, prêtre, 1501 ; Charlot Bourdel, 1519 ; Me Louis Séron, prêtre, curé de Tocqueville, 1577 ; Me Nicolas Bailly, prêtre de Berneval, 1591 ; Me Jacques Joly, prêtre, 1609 ; Me Guillaume Le Jeune, chantre de l'église de Saint-Jacques de Dieppe, 1612 ; Me Robert Séron, curé, 1619 ; Nicolas Dandasne, sieur de Neuvillette, 1629 ; Me Robert Vastier, curé, 1651 ; Nicolas Losmer, prêtre, 1654 ; Me Anthoine Jolly, prêtre, 1659, Me Laurent Thérin, vicaire, 1693 ; Michel Le Jeune, 1713, etc., etc. J'ai retrouvé toutes les chartes de ces fondations dans les coffres à trois clés, et je les ai transcrites en entier dans ma notice sur le village de Saint-Martin-en-Campagne. On y remarque une grande simplicité, une piété véritable et une croyance bien vive au purgatoire.

Presque toutes les fondations d'obits sont des XVIe et XVIIe siècles ; c'était devenu un usage général : les archives des fabriques en contiennent un grand nombre de 1500 à 1750. On retrouve, à ce sujet, beaucoup d'inscriptions sur les parois du chœur des églises, surtout du côté de l'évangile, et rarement un curé ou un laïc aisé mourait sans avoir fondé quelques messes pour le repos de son ame. C'est qu'après l'hérésie de Calvin, qui niait l'existence du purgatoire, il y eut une réaction religieuse dans les esprits de ceux qui restèrent fidèles à l'église. A quelque chose souvent malheur est bon, et, tandis qu'un diacre orgueilleux et pervers proclamait insolemment ses erreurs à la face d'une église qui comptait 1500 ans de vie, la foi se ranima dans les cœurs catholiques, la charité fit d'immenses progrès, et le culte des morts devint sacré et solennel. Ce fut là, je pense, la cause principale de toutes les fondations d'obits dans nos églises pendant les trois derniers siècles. Il faut encore ajouter qu'avant le XVe siècle, il y avait peu de petits propriétaires, et que la plus grande partie des terres était comprise dans les domaines des comtes et des barons, ou dans les biens des abbayes et des églises.

Par contrat passé le 2 novembre 1694, Me Claude Le Jeune, curé de Saint-Martin, laissa la somme de 2000# aux dames Ursulines de Dieppe, pour capital d'une rente annuelle de 100#, qui serait employée au bien de ses paroissiens après sa mort. C'est pourquoi, en l'année 1699, Me Guillaume Le Jeune, son frère, de concert avec M. Sorin, établit, avec l'agrément de Monseigneur l'archevêque, une mission qui aurait lieu de dix ans en dix ans dans cette église. On fit peindre et réparer l'église, et on demanda des missionnaires aux R. prêtres de l'Oratoire de la maison de Rouen. Ils arrivèrent huit jours avant l'Ascension, au nombre de six : le P. Restout, ci-devant curé d'Yébleron ; le R. P. de la Planche, chanoine de Boulogne-sur-Mer ; le P. Mollard, de Dieppe ; le P. Raffelin et le P. Saint-Pierre.

La mission commença le dimanche avant l'Ascension, et finit à la Saint-Jean et Saint-Pierre. Les curés des paroisses voisines vinrent avec leurs paroissiens à l'ouverture de la mission, qui se fit par une prédication du P. la Planche. On fit ensuite la procession avec le Saint-Sacrement, qui fut exposé sur un reposoir au hameau de Vassonville. Il y avait environ trente prêtres et plusieurs autres clercs dans les ordres inférieurs, le tout sous le bon plaisir de Monseigneur de Colbert, archevêque de Rouen, et par ses ordres. On prêcha tous les jours le matin à cinq heures et le soir à sept heures. Le catéchisme eut lieu à une heure après midi ; le soir après la prière on donnait la bénédiction du Saint-Sacrement.

Les habitants des villages voisins accouraient en foule à ces pieux exercices, et il y en eut peu qui ne tâchèrent de participer aux grâces de la mission par une bonne et sainte communion. M. Guillaume Le Jeune, directeur des religieuses Ursulines de la ville de Dieppe, donna de sa bonne volonté 300# aux missionnaires ;

il avait été lui-même curé de Saint-Martin, et il affectionnait beaucoup cette paroisse, où il était né.

Les prêtres qui assistèrent à la clôture de la mission, étaient Me Vincent Sorin, curé de Saint-Martin; J. B. Sorin, vicaire; Me Guillaume Le Jeune, prêtre; Me Nicolas Losmer, curé de Derchigny; Me Robert Losmer, prêtre; Me Jean Gervais, curé d'Envermeu; Me Guillaume Cressant, curé d'Hybouville, Me Derenty, curé de Sauchay; Me Boullenc, curé de Bellengreville, etc., etc...

La seconde mission eut lieu en 1710; la troisième en 1720, et ainsi, de dix ans en dix ans, jusqu'à la révolution.

Le jour qui suivait la clôture, on chantait un service solennel pour Me Claude Le Jeune; on en célébrait un autre à la même intention le quatrième jour de novembre. Il avait encore fondé une rente de 30# , pour contribuer à l'entretien et à la nourriture d'une maîtresse d'école, et dans le cas où il ne s'en trouverait pas dans la paroisse, cette somme devait être distribuée par le curé aux quatre familles les plus pauvres du village. Voilà des preuves non équivoques du zèle et de la bienfaisance de MM. Le Jeune. Cette famille, la plus ancienne peut-être du hameau de Vassonville, donna un grand nombre de prêtres à l'église, et fut toujours remarquable par sa piété et sa grande charité. On trouve Me Guillaume Le Jeune, prêtre à Saint-Martin, en 1460 ; Me Jehan Le Jeune, en 1501 ; Me Jehan Le Jeune, curé en 1519 ; Me Guillemme Le Jeune, prêtre en 1523 ; Me Guillaume Le Jeune, grand-chantre de l'église de Saint-Jacques de Dieppe, et titulaire de la chapelle de la Sainte-Trinité dudit lieu ; en 1612 enfin, MM. Guillaume et Claude Le Jeune, tous deux curés de Saint-Martin et fondateurs de la mission. Honneur, donc, et reconnaissance à ces hommes vertueux et bienfaisans, nos devanciers dans la carrière évangélique, et nos pères dans la foi ; honneur à eux, car leur sollicitude pastorale pour ce peuple qui fut le leur, et qu'ils ont tant aimé, s'est étendue au-delà de leur tombe, et ce village en recueille encore les fruits après plusieurs générations.

Dix missions faites à Saint-Martin pendant le XVIIIe siècle, y produisirent un bien immense ; les abus avaient disparu, la foi pure et vive, comme dans les premiers jours, enfantait sans cesse des œuvres de vertu, et les paroissiens n'avaient tous qu'un cœur et qu'une ame pour aimer Dieu, et se chérir les uns les autres. Hélas ! pourquoi faut-il que la révolution dévastatrice de 93 soit venue passer son niveau destructeur sur nos meilleures institutions ! Pourquoi faut-il que la fureur et la cupidité sacrilége aient spolié les biens des églises, les rentes créées au profit des fidèles, et profané les intentions des morts ? Où sont maintenant les sommes versées pendant trois siècles dans les trésors des églises par la piété de nos ancêtres ? Que sont devenues toutes ces fondations d'obits qui devaient, suivant le texte des chartes et contrats, être célébrés à l'*avenir à perpétuité et à tout jamais ?* Et pourquoi les bons pères de l'Oratoire ne viennent-ils plus, de dix ans en dix ans, prêcher comme autrefois la parole de Dieu à Saint-Martin ? C'est que rien de ce qui tenait à la religion ne fut respecté par les hommes de 93 ; c'est qu'ils avaient juré de détruire d'un seul coup toutes les saintes et utiles institutions des siècles passés.

Le gouffre révolutionnaire a englouti les biens et les richesses des églises veuves de leurs pasteurs, et, quand la paix si long-temps désirée vint à succéder au temps que l'on nomme encore la terreur, on vit le sol de notre patrie couvert de débris et de ruines. Car ces hommes, dans leur frénésie, avaient causé de plus grands ravages en quelques années que l'armée des Goths et des Vandales, que le fanatisme des réformés au XVIe siècle. On ne vit plus que des églises démolies et dévastées dans ce beau pays de France, qui comptait dix-sept cent mille clochers au temps de Jacques Cœur (XVe siècle). On ne vit plus que les ruines de ces abbayes si célèbres par tout le monde, où vivaient jadis à l'ombre des autels les hommes les plus éminens en savoir et en mérite.

Aujourd'hui, ces pieux asiles de la vertu et de la science, où le génie de nos devanciers avait entassé tous les chefs-d'œuvre de l'art, ravis pour toujours à leur première destination, sont exploités par l'avidité commerciale, et j'ai vu des industriels blasphêmer le saint nom de Dieu sous ces voûtes qui retentirent durant tant de siècles de chants graves et solennels ; j'ai vu des enfants façonnés au vice dès l'âge le plus tendre, et épuisés par des travaux bien au-dessus de leurs forces, dans les cloîtres où les fils de Saint-Benoît exerçaient une heureuse influence en instruisant les générations, et en formant les cœurs à la vertu.

Les religieux, ont dit quelques hommes, n'étaient bons à rien ; et moi je dis qu'ils étaient nécessaires et qu'ils le sont encore aujourd'hui. Qui donc a porté la religion chrétienne et la civilisation dans nos contrées ? Qui a défriché les immenses forêts qui couvraient le pays que nous habitons et fertilisé nos campagnes ? Qui a arraché nos ancêtres à la servitude oppressive des leudes et des grands vassaux carlovingiens ? Qui a conservé les sciences et les arts au milieu des ténèbres et de la barbarie de ce Xe siècle, qui a gardé le nom de siècle de fer ? Ce furent les religieux. Et quand on a étudié l'histoire des siècles passés, quand on a interrogé les annales du royaume de France, on ne peut se défendre d'un sentiment d'admiration et de respect pour ces ordres si fameux de Saint-Benoît, de Saint-François d'Assise et de Saint-Dominique, qui sauvèrent la société au moyen-âge.

Défenseurs nés de l'humanité, ils flétrissaient toujours l'oppression et la tyrannie. Souvent, le pauvre moine, au vêtement de bure, plaidait la cause du peuple jusque dans le palais des rois, et ces hommes qui se disaient les envoyés de Dieu savaient aussi user de l'ascendant qu'ils méritaient, pour contenir les masses turbulentes dans les bornes du devoir. Et ces ouvrages sublimes, qui immortalisent à jamais le génie de l'homme, qui les a composés ? Qui a écrit ces milliers de volumes qui remplissent aujourd'hui nos bibliothèques publiques? Qui a élevé ces églises et ces monuments admirables d'architecture, qui semblent bâtis pour l'éternité, et font la gloire et l'ornement de nos cités? Ce sont encore les religieux. Et qu'on vienne dire, après cela, qu'ils n'étaient bons à rien! Tout ce que les siècles passés ont produit de bon a été leur ouvrage. Leurs ennemis manquent de connaissance ou de bonne foi, et si la vie monastique offrit, dans les derniers temps, quelques exemples de relâchement et de corruption, ils ne doivent pas être imputés au corps religieux, mais tout homme sensé les envisagera comme des exceptions, qui se retrouvent au sein des institutions les plus parfaites, et que le désordre moral, qui régnait dans toutes les classes de la société, aux XVIIe et XVIIIe siècles, a pu seul produire. Aujourd'hui que les abbayes et les prieurés sont en ruines, croyez-vous que la société s'en trouve mieux?

Ces sentiments qui me furent inspirés par le

souvenir de la fondation d'une mission dans l'église de Saint-Martin, et des prédications qu'y firent jadis les Oratoriens, m'ont paru trouver leur place dans cette notice sur un village qui doit, comme Berneval, sa civilisation aux moines, et qui fut une terre abbatiale pendant plus de cinq cents ans. Que de fois le travail que je voulais offrir aux habitants de Saint-Martin me suggéra de pareilles réflexions! Que de fois le souvenir des bienfaits d'un prêtre généreux, m'a fait regretter les beaux jours d'autrefois! Que de fois encore mon cœur s'est ouvert à la reconnaissance pour des hommes qui firent tant de bien sur leur passage, au milieu d'un peuple que j'estime et que j'aime! Comme j'aimais à me retrouver, aux jours des grandes solennités, dans cette église dont j'avais interrogé toutes les pierres, et qui a vu vingt-deux générations se presser dans son enceinte! Et quand je montais à l'autel, pour y remplir mes fonctions de lévite, je ne foulais qu'avec un saint respect ces dalles usées par les pieds des prêtres et des clercs, et qui recouvrent les restes des pasteurs. Moi, je ne suis pas un enfant du village, et pourtant leur souvenir m'est cher, parce que j'ai cherché à les faire sortir de l'oubli dont les siècles avaient entouré leur mémoire, parce qu'ils furent les membres de la grande famille sacerdotale, engendrée par le fils de Dieu, qui est essentiellement une, et à laquelle j'ai été agrégé par la volonté divine.

Oui, j'aime à redire les noms des bienfaiteurs de nos villages, que j'ai extraits de la poussière des manuscrits et des chartes; et si parfois je retrouve encore leurs arrière-neveux dans les familles qui habitent nos contrées, si je rencontre un enfant qui porte encore leur nom, je prie Dieu de le bénir comme il a béni ses aïeux, de lui inspirer leur zèle et leur bienfaisance. Et pourquoi ne pas célébrer les noms et la mémoire des hommes apostoliques qui ont consacré leur vie tout entière au bonheur et au salut des peuples? On sait bien exalter la renommée des inventeurs de machines et des économistes modernes. Le peuple, c'est la famille du prêtre ; c'est lui qui lui donne la vie de la foi et de la grâce ; c'est lui qui le nourrit du pain descendu du ciel ; c'est lui qui le garde et l'entoure de ses plus chères affections, et l'enfant du peuple doit le payer d'un juste retour, en gardant le souvenir de ses bienfaits. Ce souvenir doit être fidèle, plus durable que les inscriptions tumulaires et que les croix de cimetière ; il doit passer aux dernières générations du village.

On voit, dans les archives de l'église de Saint-Martin, que M. Duhamel, chanoine de N.-D. de Rouen, et archidiacre d'Eu, ordonna, dans sa visite canonique du mois de juillet 1656, de retirer tous les bancs, siéges ou prie-Dieu placés tant dans le chœur que dans les nefs, à l'exception du banc du patron du lieu et de ceux des particuliers qui auraient fait une fondation spéciale à ce sujet. Il enjoint au sieur curé de publier cette ordonnance, pendant quatre dimanches consécutifs, au prône de ses messes paroissiales, et d'ôter les bancs par contrainte, dans le délai de trois mois, si les paroissiens refusent de le faire de bonne volonté.

C'est ici le lieu de remarquer l'ancien usage de l'église de prier debout les dimanches, les jours de fête et dans le temps de Pâques. Depuis les premiers siècles du christianisme jusqu'aux XVIe et XVIIe siècles, on avait toujours ignoré l'usage des bancs et des chaises dans nos églises; on s'y tenait constamment debout ou à genoux; on ne connaissait que ces deux manières de prier : debout dans les jours de fête et les temps de joie, à genoux dans les jours de tristesse et les temps de pénitence. Les hommes se tenaient du côté du midi, et les femmes dans la partie septentionale, c'est-à-dire du côté de l'évangile. Le milieu, ou nef de l'église, était réservé au passage des processions et des clercs chargés de la police extérieure. Au XIIIe siècle, on introduisit dans les chœurs des églises les siéges plians connus depuis sous le nom de stalles, et les clercs, assis sur les miséricordes, étaient sensés debout. Au reste, ces stalles ne servaient que pendant le chant des psaumes et des leçons ; et, durant tout le reste de l'office, beaucoup plus long qu'aujourd'hui, ils se tenaient, comme le peuple, debout ou à genoux, suivant la diversité des temps. Cette louable coutume, vénérable par son antiquité, et fondée sur les décrets des conciles de tous les siècles, cette uniformité si belle qui rendait la célébration des saints mystères si imposante, toutes ces pratiques pieuses et touchantes, si religieusement observées par nos pères, sont aujourd'hui tombées dans l'oubli. Aujourd'hui, les croyances sont moins vives, la foi n'exerce plus sur les esprits une aussi heureuse influence, et l'amateur éclairé des anciens usages de l'église, s'abandonne à la tristesse et aux regrets, en comparant l'assemblée des fidèles réunis dans nos églises au moyen-âge, avec ce qui s'y passe de nos jours.

Maintenant, à peine se lève-t-on quand le prêtre chante à l'autel ; il n'y a que confusion et désordre, au lieu de cette belle uniformité d'autrefois ; l'un prie à genoux, tandis que l'autre demeure assis ; les chantres et les choristes eux-mêmes n'ont pas souvent la moindre idée de la manière de se tenir, et toutes les règles de liturgie sont ouvertement violées et méprisées. L'ancien usage ne se rétablira jamais en France, du moins pour le peuple ; mais au moins pourrait-il y avoir plus d'ordre dans les chœurs, et, avec un peu de bonne volonté, on pourrait rétablir l'uniformité, qui rendrait à l'office divin quelque chose de sa majesté d'autrefois.

Si les amateurs de liturgie regrettent l'introduction des bancs dans les églises, les antiquaires et les archéologues ne déplorent pas moins ce nouvel usage, qui a souvent gâté un bel édifice. Nos églises gothiques devaient être entièrement libres, et offrir à l'œil un ensemble parfaitement dégagé ; elles n'étaient pas faites pour être encombrées de chaises ou planches attachées les unes aux autres. Ajoutez que nos églises, vides de siéges, contenaient bien plus de personnes, et que, lorsqu'on vint à y placer des bancs, un grand nombre de fidèles, et notamment à Saint-Martin, furent contraints d'entendre la messe, le dimanche, dans le cimetière. Il est vrai qu'aujourd'hui nos églises sont assez grandes, du moins en apparence ; mais je doute encore qu'elles le fussent en réalité dans un grand nombre de villages, si nous ne vivions pas dans des jours si mauvais, et si, comme autrefois, chacun tenait à honneur de remplir ses devoirs de chrétien. On dira à cela que les bancs font aujourd'hui le revenu principal des fabriques; je le sais fort bien, mais cela ne m'empêche pas de gémir sur leur introduction dans nos églises, et, puisque c'est une nécessité maintenant d'avoir des bancs, je proposerai pour modèles ceux de Lammerville et d'Assigny.

Le 8 avril 1780, les deux cloches de l'église de Saint-Martin furent refaites par François Girard, fondeur de Saint-Jacques, faubourg de Beauvais. La grosse fut nommée Louise, par très illustre prince Honoré-Camille-Léonord Grimaldi, prince souverain de Monaco, et par Louise-Félicité d'Aumont, très illustre princesse et duchesse de Valentinois. Cette cloche est celle qui la sert encore aujourd'hui. La petite fut nommée Thérèse, par maître Nicolas Bataille, seigneur patron de la ville de Leucatte, fermier général de S. A. le prince de Monaco, et par Marie-Thérèse de La Croix, bourgeoise de Paris. Cette cloche a disparu dans la révolution. Ces deux cloches pesaient ensemble 1900# ; il coûta au trésor pour leur refonte 1018#. Le jour de leur bénédiction, le prince donna à l'église une chasuble fond-blanc à la croix fond-rouge à grandes fleurs, et M. Bataille offrit une écharpe parsemée de fleurs, et ornée d'un feston d'or, pour porter le Saint-Sacrement.

La tradition rapporte qu'au temps des guerres et des ravages des Anglais en Normandie, ils emportèrent la grosse cloche de l'église de Saint-Martin ; des marins du village, autrefois prisonniers en Angleterre, ont raconté qu'elle était encore à Cantorbéry, et que l'inscription démontrait d'une manière certaine qu'elle avait appartenu dans un temps reculé à l'église de Saint-Martin-en-Campagne.

Je dois dire, en terminant cet article sur l'église de Saint-Martin, que le curé actuel, M. l'abbé Levillain, a tiré de cette église tout le parti possible, et que, grâce à son zèle et à ses soins, elle est peut-être aujourd'hui la plus jolie des environs. Je ne parle, bien entendu, que de la propreté et des détails de l'intérieur; car, s'il s'agit d'architecture, de l'ensemble de l'édifice, je préfère de beaucoup l'église de Tourville-la-Chapelle, et celle d'Assigny, pures créations du style ogival du XIIIe siècle, qui n'ont subi que de légères modifications au XVIe siècle.

Voici les noms des curés de Saint-Martin, que j'ai pu retrouver dans les vieux titres de cette église.

1247. Garin, présenté par Odon Clément, abbé de Saint-Denis, et nommé par Pierre de Colmieu, archevêque de Rouen, (Pouillé d'Eudes Rigaut aux archives départementales.)

1320. Geoffroy Delaître, présenté par Robert de

Caletot, et nommé par Guillaume de Durefort.

1501. Jehan Le Jeune, de Vassonville.

1519. Jehan Le Jeune, neveu du dernier.

1577. Jehan Caron.

1600. Robert Séron. Il était né à Saint-Martin, vers 1558, et mourut en 1637. Il conserva avec un soin tout particulier les archives de l'église, et écrivit lui-même, avec une scrupuleuse exactitude, ce qui pouvait un jour intéresser ses successeurs.

1637. Robert Vatier. Sa famille était une des plus anciennes du village, et elle avait déjà donné à l'église, un vicaire, plus de 120 ans auparavant, dans la personne de Me Gilles Vatier, titulaire en 1519.

1645. N. Mauvoisin.

1649. Guillaume Le Jeune, de Vassonville. Il y eut de son temps une épidémie qui causa de grands ravages à Saint-Martin. Il céda sa cure à son frère en 1656, et se retira à Dieppe pour remplir les fonctions de chapelain des dames Ursulines, rue d'Écosse, paroisse de Saint-Remy.

1656. Claude Le Jeune, fondateur de la mission. Il fut curé de Saint-Martin pendant 40 ans.

1696. Vincent Sorin, de Dieppe. Il fit faire la charpente du clocher, et placer la chaire au côté de l'évangile.

1733. N. Leprévost.

1736. N. Lemasurier.

1736. Jean Vasselin. Il était de Saint-Martin, où il était vicaire depuis neuf ans.

1755. Jacques Roussel. Il était né à Intraville.

1766. Claude Jolly, de Vassonville.

1771. N. Houard, de Dieppe. Il devint aveugle, et résigna sa cure en 1778. Parent sans doute du fameux Houard auteur du *Dictionnaire du droit Normand* et des *Coutumes Anglo-Saxonnes*.

1779. N. Senéchal. Il accepta la constitution civile du clergé, et mourut à Saint-Martin, au commencement de la révolution.

Depuis la révolution :

1802. M. Clémence, qui reçut Georges Cadoudal et Pichegru dans son presbytère. Il mourut curé de Canville-les-deux-Églises.

M. Boucourt, aujourd'hui curé du Pollet de Dieppe.

M. Houlliers, actuellement dans la maison du bon Sauveur à Caen.

M. Le Scène.

M. Levillain.

www.ingramcontent.com/pod-product-compliance
Ingram Content Group UK Ltd.
Pitfield, Milton Keynes, MK11 3LW, UK
UKHW012053240726
13965UKWH00003B/1261